जैसे चाँद पर से दिखती धरती

जैसे चाँद पर से दिखती धरती

हरजेन्द्र चौधरी

राधाकृष्ण प्रकाशन

ISBN : 978-81-7119-749-1

जैसे चाँद पर से दिखती धरती

प्रथम संस्करण : 2002
पहली आवृत्ति : 2024

मूल्य : ₹395

प्रकाशक
राधाकृष्ण प्रकाशन प्राइवेट लिमिटेड
जी-17, जगतपुरी, दिल्ली-110 051
शाखाएँ : अशोक राजपथ, साइंस कॉलेज के सामने, पटना-800 006
पहली मंजिल, दरबारी बिल्डिंग, महात्मा गांधी मार्ग, प्रयागराज-211 001
1, अनमोल सोराबजी संतुक लेन, धोबी तलाव, मरीन लाइंस, मुम्बई-400 002
वेबसाइट : www.radhakrishnaprakashan.com
ई-मेल : info@radhakrishnaprakashan.com

मुद्रक
राजकमल प्रकाशन प्रा. लि.
नई दिल्ली-110 002

JAISE CHAND PAR SE DIKHTI DHARTI
Poems by Harjendra Chaudhary

इन कविताओं की
प्रथम पाठक-त्रयी
ईशा
शुभम्
और
क्षितिज के लिए...

अनुक्रम

रक्त झर-झर...

बन्द होगा बन्द होगा
अभी बन्द होगा रक्त रिसना
बन्द होगा बन्द होगा
अभी बन्द होगा क़लम घिसना
...इस उम्मीद में
अभी तो टपक ही रहे हैं
टपकते ही जा रहे हैं
आत्मा के प्राचीन घाव
जो मुझे याद नहीं
समय की फर्राटेदार सड़क पर
किस दुर्घटना से मिले थे

टीस नहीं रहे इस क्षण
केवल टपक रहे हैं

निचुड़ रहा है रक्त
देह और आत्मा का
आ रही है कविता झर-झर...

(जनवरी, 1999, नई दिल्ली)

डस्ट-बिन

फिर से होगी उल्टी
अभी कसर है
    —ऐसा लगता है कभी-कभी
    एक कविता लिखने के बाद...

एक कविता और दूसरी कविता
लिखने के बीच
बड़ी उबकाऊ उपमाएँ
बड़े नीच बिम्ब
बड़े जुगुप्सक पद-अर्थ
पेट की मरोड़ या बलग़म के चक्रवात की तरह
उठते हैं
कहीं बहुत भीतर से

कविताओं का यह पुलिन्दा
सड़ाँधता हुआ 'डस्ट-बिन' है
मेरा
और
मेरे युग का...

(1999, नई दिल्ली)

सपनों के चित्र

सम्भव नहीं है
चित्र खींचना सपनों के
समय की इस चकाचौंध में
अन्धी हो जाती हैं कैमरों की आँखें
सूख जाते हैं रंग महँगे
फलक तक पहुँचने से पहले...

मास्टरजी का डंडा
किरमिच की उछलती गेंद
अनमनी प्रार्थना
सुस्ताया राष्ट्रगीत
रास्ते के बाग़ के मीठे अमरूद
गालों पर माली की उँगलियों की छाप
कन्धे तोड़ते बस्ते

दोगले समय के
आकाश में उड़ने
नदी में डूबने के
डरों और आकर्षणों बीच पिसकर
ज़िन्दा बचे शब्द
जवान हो रहे हैं
जहाँ भी...जैसे भी...
कविताओं में
खिंच रहे हैं
सहस्रों मुद्राओं में
सपनों के चित्र...

(25 अगस्त, 1993, नई दिल्ली)

जैसे चाँद पर से दिखती धरती

ऐसे दिख रही है ज़िन्दगी
कविता में
जैसे चाँद पर से
दिखती धरती
हेलीकॉप्टर से दिखती
चढ़ी हुई नदी और बाढ़

उतनी दूर नहीं
पर उतनी साफ़ उजली बेपर्द
बिल्कुल नंगी उद्विग्न
साबुत और तार-तार

घुटनों तक धँसी आत्मा
लिथड़ी है कीचड़ में
चाँद पर सुनाई पड़ रही
धरती की चीख़-पुकार...

(1999, नई दिल्ली)

कोशिश तो करता हूँ

कोशिश तो करता हूँ
मौका निकालकर मौके-बेमौके
लिख दूँ कोई एक कविता

खींच लाऊँ धरातल तक
गहरे कुएँ में डबडबाती जलराशि
स्थगित पड़े स्रोतों को अवसर दूँ
बचा लूँ जीवन–
अपने अंडों पर लेटी मरणासन्न चिड़िया
पुरानी मुँडेर तोड़कर झाँकता कच्चा पीपल
हवाओं में इतनी-भर तरलता
कि दुखें नहीं साँस खींचते फेफड़े

कोशिश तो करता हूँ
कि बाहर खींच लूँ भीतर में उमड़ती कविता
पर–
कभी नींद आ जाती है कभी अख़बार
कभी ख़बर दुःखभरी डरावने कानून
भूचाल या रेल-दुर्घटना की
कभी अधिवेशन संसद का रोचक सीरियल टी.वी. का
या निमन्त्रण किसी शादी का
कभी कोई मेहमान कोई मित्र
गाँव से पत्र चिन्ता-भरा
कन्धों पर चढ़े ही रहते हैं
बच्चे और हालात

फिर भी कोशिश करता हूँ
हरी कोंपल-सी फूटे कविता
भीतर सोए बीज में से
पर–

इससे पहले कि अर्थ रूप धार कर बाहर आएँ
अपने पूरे गदराए हरेपन समेत
भीतर या बाहर से घुमड़ता आता
कोई अन्धड़
उड़ा ले जाता है शब्दों को
सूखे पत्तों की मानिन्द

कोशिश तो करता हूँ
अन्धड़ में भी बची रहें
हरी कच्ची सम्भावनाएँ
बेकार न जाएँ बीज और मेहनत
–कोशिश तो करता हूँ...

(1999, नई दिल्ली)

दयनीयता के विरुद्ध

शुरू किया ही था कविता लिखना
कि बिजली चली गई
मटिया तेल का लैम्प जलाया
कि तेल ख़त्म !

मोमबत्ती जलाई अधजली
आगे लिखने की तैयारी में अचानक
पर्दा-सा गिर गया चेतना पर
...क्या कहना चाहता था मैं
ग़रीब लोगों की ग़रीब भाषा की
ग़रीब कविता में
दयनीयता के विरुद्ध
अँधेरे के विरुद्ध...?

अँधेरे के अलावा सब-कुछ
दयनीय लग रहा था उस क्षण
जलती हुई अधबची मोमबत्ती समेत
जल-जल मर रहे थे जिस पर
गिरते हुए पतंगे....

(1999, नई दिल्ली)

सैलाब के विरुद्ध

बहुत ज़रूरी लगता है कभी-कभी
नींद के सैलाब को ठहरा देना
तैरा देना कविता की नाव
हर प्रतिकूलता के विरुद्ध
जैविक ज़रूरतों का विरोध करना
लगाम खींचना इन्द्रियों की

बेशक पक्का है एक दिन मरना

जब आता है वक़्त
मोहलत नहीं देता
आधा शब्द तक फुसफुसाने की
इसीलिए
बहुत ही ज़रूरी लगता है कभी-कभी
तैराना कविता की नाव
नींद के सैलाब को बाँधकर रखना...

(1999, नई दिल्ली)

मिट्टी-गार

फूस-मिट्टी की छत की तरह
या जापानी छाते की तरह
तान लेता हूँ ताने रखता हूँ
ज़िन्दगी के सिर पर कविता को
जब-जब गहराता दिख पड़ता
घनघोर व्यर्थता-बोध

हालात की क्रूरता के विरुद्ध
छोटा सा कारगर हथियार
है कविता
ढहती हुई ज़िन्दगी को चिनने को
उठाए रखने को
मिट्टी-गार है कविता

लज्जित हूँ इस अहसास से—
इतने 'निजी' और 'छोटे' मकसद से
जोड़ रखा है मैंने कविता को

पता नहीं समय की माँग है
या स्वार्थ की
आजकल हर विचार को
घर की तरफ़ मोड़ रखा है मैंने....

(1991, नई दिल्ली)

कवि की दुनिया

कोरा काग़ज़
स्याही-भरा पैन
भोजन-भरा पेट
नज़र-भर रोशनी
सही नम्बर का चश्मा
बीच-बीच में चाय-कॉफी
वाह-वाह करते चार-छह श्रोता

कवि की दुनिया में
इतना भर हो तो
पैरों के नीचे है पूरी दुनिया...

(1999, नई दिल्ली)

ऑपरेशन की ज़रूरत किसे है

शब्द
थोथे खोखले प्रभावहीन लगते हैं
न अर्थवान रहे
न अश्लील न दोगले

कान सुनते हैं उनको
पर नहीं सुनते
भारी पैने शब्द फेंकने पर भी
लहर नहीं उठती 'सेरेब्रम-सरोवर' में
नहीं खुलती मर्मों की गाँठ

विज्ञापन-धर्मी बनाऊँ अपने शब्दों को
टी.वी. के दृश्य भरूँ कविताओं में
आदिकवि की मानस-पुत्री को
होने दूँ बाज़ारू
इस बाज़ारू समय में !

पर
जिस फोड़े को चाहता हूँ
कि पके, फूटे और बाहर आए
उसके भीतर कैसे रख दूँ
'एंटीबॉयटिक्स' का दुधारा चाकू ?

आप ही निर्णय लें अब
'ऑपरेशन' की ज़रूरत किसे है—

फोड़े को
भाषा को
मस्तिष्क को
या तीनों को...?

(1999, नई दिल्ली)

तूफ़ान में जैसे किवाड़ों की जोड़ी

मेहमान आते थे जैसे पुराने ज़माने में
इस तरह आ रही हैं कविताएँ
पिछले हफ़्ते से

फोन करने, फैक्स या 'ई-मेल' भेजने
दरवाज़ा खटखटाने या घंटी बजाने जैसी
कोई महानगरीय औपचारिकता नहीं
सीधी धमक आती हैं गँवारों की तरह
मेरी दिनचर्या को उलट-पुलट करती हुई...

दिल्ली में लोग बन्द रखते हैं
घरों-फ्लैटों के दरवाज़े
फिर भी हादसों की तरह आ दबोचते
डाकू मेहमान या अख़बार
सामान्य समाचार है दिल्ली में हत्या
मेहमान-दम्पति का पाँच-साला बेटा
तोड़ गया कल जापानी 'क्रॉकरी' का एक 'पीस'
कविता के चक्कर में भूल गया मैं
कुछ ज़रूरी फोन करना

क्या करूँ
मैं तो ठहरा पुराने ज़माने का
न मेहमानों के आगे
बन्द कर पाता हूँ दरवाज़ा
न कविताओं के आगे

कैसा हो गया है मेरा दिमाग़
दिल्ली में रह-रहकर
मेहमानों से बतियाना
कविता लिखना
भारी होता जा रहा है
पुराना और नया दोनों
ज़माने भड़भड़ा रहे हैं मेरे भीतर
तूफ़ान में जैसे किवाड़ों की जोड़ी

कुछ नहीं करते
पर व्यस्त रहते हैं लोग
इस शहर में
त्रस्त रहते हैं
मेरे दरवाज़े
न पूरी तरह खुले रह पाते
न पूरी तरह बन्द

इसी तूफ़ान-से में
पिछले हफ़्ते-से अब तक
लिख चुका हूँ बीसियों आधी-अधूरी कविताएँ...

(1999, नई दिल्ली)

टेलीविज़न में बहती है नदी

टेलीविज़न में बहती है
नदी
नीली कलकल
असली नदी से कहीं ज़्यादा ख़ूबसूरत

ये दिन हैं परीक्षा के
बच्चे बहते जाते हैं नदी में
हम भयभीत से चीख़ते हैं किनारे खड़े
बहते दूर जाते बच्चों को देखते
या
छलाँग कर नदी में
बहने लगते हैं उनके साथ-साथ
आश्वस्त महसूस करते
कि
हम साथ हैं अपने बच्चों के
हमारे बच्चे हमारे पास हैं...

(1999, नई दिल्ली)

टेलीविज़न जैसे ही होता है 'ऑन'

मेरी माँ मर गई थी मेरे बचपन में
मुझे जीवन-भर का अकेलापन मिला
बच्चों को दादी नहीं मिली
लोरी गाती, कहानी सुनाती

जल्दी स्कूल में डाल दिया उनको
जल्दी सिखाया पढ़ना
कहानियों की किताबें दीं लाकर मैंने
बदलते वक़्त ने लेकिन
टेलीविज़न दे दिया उनको

मेरी माँ
मेरा अकेलापन
लोरी कहानी
किताबें
मैं
हम
सब
'बड़े वेआबरू होकर'
निकल जाते हैं बाहर बच्चों के कूचे से
जैसे ही टेलीविज़न होता है 'ऑन'....

(1999, नई दिल्ली)

सपने में टेलीविज़न

सपने में टेलीविज़न
देख रहे थे बच्चे और हम

सूरज का लाल-लाल हाथ दिखा
नीले क्षितिज-सरोवर से निकलता
पीली मरियल आवाज़ सुनाई दी
–'बचाओ, मैं डूब रहा हूँ...'

गहरी अँधेरी रात में
सो रहा था मैं गहरी नींद
सपने में
बचा नहीं सका उसे
जिसने हाथ-पैर पटकते
पीली मरियल आवाज़ में
पुकारा था मुझे–'बचाओ...'

आँखें खुलीं
चारों ओर गहरा अँधेरा था
बिजली नहीं थी शहर में
बन्द था टेलीविज़न

जाग रहा हूँ तब से प्रतीक्षारत
फिर निकलेगा
सूरज या आदमी
जो मेरे देखते-देखते डूब गया था...

(1999, नई दिल्ली)

बुआ आती थीं

बुआ आती थीं
गर्मी की छुट्टियों में हर साल
केले, कपड़े, अमरूद, आम लाती थीं
हमारे लिए
साथ में अपने चारों बच्चे
हमारे साथ खेलने के लिए

काम से, डाँट से
दादी, माँ और पिता के गुस्से से
बचे रहते थे हम उतने दिनों
जितने दिनों बुआ रहती थीं हमारे घर
जो कभी बुआ का भी घर था

बुआ के पहुँचते ही हम उन्हें घेरकर
पलट लेते थे उनका झोला
जो वह हमारे लिए लाती थीं भरकर
फिर उतने दिन खाली रखा रहता था झोला अलमारी में
जितने दिन बुआ रहती थीं हमारे घर

छुट्टियाँ खत्म होने को आती थीं
बुआ चली जातीं अपने चारों बच्चों समेत
माँ और दादी का दिया हुआ सामान
और आँखों में आँसू लेकर...

हम सबको देकर अकेलापन

जो भरा रखा रहता था चुपचाप
बुआ के खाली झोले में
जब तक बुआ रुकती थीं हमारे घर
जो कभी बुआ का भी घर था

पिछले हफ़्ते, बरसों बाद,
बुआ के मरने पर
फिर से मेरे भीतर उमड़ा आ रहा है
अपना, अपने उस घर का अकेलापन
जो कभी बुआ का भी घर था
वर्षों से खाली पड़ा हुआ है जो अब
बुआ के झोले की तरह...

(1999, नई दिल्ली)

बुआ नहीं रहीं

बुआ नहीं रहीं
पिछले हफ़्ते ख़बर मिली
बुआ के गाँव गया
सब मिले, बुआ नहीं मिलीं

बुआ के सन्देशे मिले थे
पिछले महीने
उससे पिछले भी
        —कार लेकर आओ
        बीमार बुआ को अपना गाँव दिखाओ
        अपने चाचा-ताउओं से मिलवाओ
        अन्तिम बार...सिर्फ़ एक बार...
        और हाँ, तुझे भी देखना चाहती हैं बुआ

हर बार जब भी बुआ का अन्तिम सन्देशा मिला
या तो कार चली जाती थी मैकेनिक के गैराज़ में
या मुझे जाना होता था शान्तिनिकेतन या शिमला
सेमीनार में
मन होता था क़ैद महत्त्वाकांक्षा के कारागार में
या बस संवेदनहीन सुस्ती
या 'अपने' परिवार की, बीवी-बच्चों की ज़िम्मेदारी...

सुखी मरना चाहती थीं बुआ
पर दुखी मरीं (मेरी वजह से)

बुआ जो चली गईं
रोज़ आती हैं अब मेरे सपनों में
रोज़ ले जाता हूँ उन्हें अपने गाँव
अपनी कार में बैठाकर

एक ही घर में रहता हूँ बुआ के साथ
सपनों में
सामने बैठीं बुआ को ढूँढ़ता हुआ...

(1999, नई दिल्ली)

बुआ के मरने से

यहाँ दिल्ली में
सब कुछ वैसा ही है
बुआ के मरने से कुछ नहीं बदला

हड़बड़ाया हुआ फ़ोन नहीं आया था
कोना-कट पोस्ट-कार्ड आया
कई दिनों बाद

जिस बुआ के लिए पहुँचा तेरहवीं पर
वह तो नहीं मिलीं गाँव में
घटनाएँ मिलीं, खोई हुई बातें मिलीं
अधभूला बचपन मिला अपना
वे दुःख मिले
जो बुआ भुगतती रहीं जीवन-भर
—सबको दिल्ली ले आया मैं
कार की डिक्की में डालकर

दिल्ली में कुछ नहीं बदला
उन दो दिनों में
दो दिनों में छुपे कितने साल
आए-गए उन दो दिनों में

अब
कभी बच्चे की तरह पाता हूँ
ख़ुद को

कभी बूढ़े की तरह
कभी अपना ही दादा हो जाता हूँ
कभी अपना ही पोता

बुआ के मरने से
गड़बड़ा गया है मेरी उम्र का हिसाब...

(1999, नई दिल्ली)

हुक्का

जब खेत नहीं बुलाते
नहीं उलझाए रखते अपने में
तब फ़ुर्सत के दिनों
गाँव की बैठकों में
बार-बार भरा जाता है हुक्का

गहरी नींद और तेज भूख
तेज भूख और गहरी नींद
के बीच घूमता रहता है
अपनी धुरी पर जैसे पृथ्वी
दुनिया-जहान के सुख-दुःख
बतियाता-बाँटता हुक्का

केवल पीतल की नै नहीं
तली का पानी—वह कुआँ
छन-छनकर आता धुआँ
चिलम, तम्बाकू, ठीकर, आग
हमारे सपने और जाग
        —सब कुछ साझा है
        सब कुछ क़ायम है

जब तक भरा हुआ
रखा है सबके बीच हुक्का
अपनी धुरी पर घूमती हुई पृथ्वी-सा...

(1999, नई दिल्ली)

बैठक

भारी शहतीरवाली दुकड़िया बैठक
जिसके आगे बड़ा चबूतरा है
और खुला चौक
दीवाने-आम भी है दीवाने-ख़ास भी
यह पूर्वजों का समृद्ध स्मृति-कोष...

हमारे बचपन में टेलीविज़न नहीं था
रस का स्रोत थी यही बैठक
छुप-छुपकर सुनते थे सारे सुख-दुःख
सारे गुस्से और मज़ाक बड़ों के

अब हमीं बड़े हो गए हैं
अपने बड़ों के जाने के बाद
हमारे छोटे अलग तरह बड़े हो रहे हैं
पसन्द नहीं उन्हें यहाँ आ बैठना-बतियाना
उलझे रहते हैं वे
नौकरियों-बीवियों, बच्चों और टी.वि.यों में
हुक्के के धुएँ में बदबू है
हमारी बातों में पुरानी ऊब
बैठक के बने रहने में 'इतना नुकसान'
वे तोड़कर इसे बनवाना चाहते हैं
एक नई चमचमाती इमारत
बेसमेंट जिसका गोदाम बने
ऊपर की मंज़िलों से मिले ढेर सारा किराया

हमारे छोटे और बड़े हो जाएँगे
हमारे जाने के बाद
तब कौन रोक सकेगा बदलने से
गाँव का नक्शा–
जिसमें एक भी बैठक नहीं होगी
बड़े चबूतरे, खुले चौक नहीं होंगे कहीं
स्मृतियों में भी नहीं...

(1999, नई दिल्ली)

दुर्घटना

चूना झर चुका है
भीतर से निकल रहे हैं ईंटों के पुराने रंग
मांस-मज्जा की तरह
टूटी हुई हड्डियों-सी लग रहीं
दीमक लगी चौखटें
खुली हुई खोपड़ी-सी शहतीरें
भुरभुरा-भुरभुरा खिसक रहे
दीवारों के हिस्से क्षण-क्षण
कण-कण

अपने-अपने नए घरों में टी.वी. में डूबे
लोग
नहीं जानते (नहीं जानना चाहते)
दुर्घटना घट रही है

हर घर की दीवारों पर पुती
झक सफ़ेद सफ़ेदी
मुँड़ेरों के चटख रंग
किवाड़ों की फिट फिटिंग
खिड़कियों के अन्धे शीशे
रोशनदानों की जालियों के ताने-बाने
सोफ़ा-सेट, टी.वी. स्टैंड, शो-केस
सब नए—नए ज़माने के—हैं
दुर्घटना से बेख़बर
मनोरंजन में रंजित

केवल आत्म-रक्षा में तत्पर

भुरभुरा कर झर रही है
झरती जा रही है
गाँव की चौपाल
कोई नहीं ले जाता दुर्घटनाग्रस्त को अस्पताल
कोई नहीं पूछने आता हाल-चाल
बूढ़े–घायल–मरणासन्न का...

(1999, नई दिल्ली)

सूख रहे हैं बुद्ध

मेरे और कार के बीच है
कमरे की नई दीवार
कार के इर्द-गिर्द
ट्रैक्टर–हार्वेस्टर–कल्टिवेटर
मशीनों और घरों के बीच
पीपल का पुराना पेड़
गाँव के उस पार सूखता हुआ पोखर
पोखर के उस पार एक और पीपल

पीपल का वही...न-न...
उसी पीपल का पेड़
जिसके नीचे बैठे-बैठे
गौतम हुए थे बुद्ध
–इच्छाएँ दुखी कर रही हैं हमें हमारी

गाँव में इच्छाएँ बढ़ रही हैं
कारें बढ़ रही हैं
मशीनें बढ़ रही हैं
सूख रहे हैं पीपल और पोखर
सूख रही है सोच

गाँव में
सोच, पोखर और पीपल के सूखने की सोच में
सूख रहे हैं बुद्ध

(1999, नई दिल्ली)

खोखल में बैठा है साँप

हुक्का गुड़गुड़ाते
बतिया रहे हैं घर-खेत
गाँव-शहर, बरखा-सूखा
दुःख-सुख, नया-पुराना

अहिंसक हैं उनकी बातें
बूढ़े पीपल के इर्द-गिर्द
जुड़ी है अनौपचारिक पंचायत
आठ सौ साल पुराने इस गाँव में

गाँव की चुप्पियाँ
साँप की तरह बैठी हैं
पीपल के खोखल में
हिंसा का मौका तलाशतीं

दूर छोटे स्टेशन पर घूमते
आवारा बेरोज़गार
पढ़ते अख़बार
लालच से देखते हैं
जयपुर-दिल्ली बीच आती-जातीं मालगाड़ियाँ
पीपल के खोखल में बैठीं नई चुप्पियाँ
हिंसक हो सकती हैं कभी भी

अहिंसक बातचीत में लगे लोगो !

क्या तुम जानते हो
पीपल के खोखल में बैठा है साँप
अपनी जीभ लपलपाता हुआ...

(1999, नई दिल्ली)

विंड-चीटर

खेस या कम्बल की बुक्कल में नहीं
विंड-चीटरों में ढँके-छुपे दिखे
गाँव के लड़के इस सर्दी में

तेज थी हवा
ठंडी-गन्धाती-धूसर
गूँज रही थी विज्ञापनों से
तैर रही थी नई-नई
चीजों के चमकीले समन्दर में
इस सर्दी में गाँव में ग़ायब थी
गन्ने से गुड़ बनाए जाने की मीठी ऊष्म गन्ध

इसी हवा में उड़कर आए
ये विदेशी विंड-चीटर
क्या बचा पाएँगे गाँव को
इस नई हवा से...?

(1999, नई दिल्ली)

प्रश्न-प्रतिप्रश्न

गाँव जाता हूँ
प्रश्न उठता है
क्यों आता हूँ गाँव
गाँव से दिल्ली लौटने पर भी
खड़ा रहता है प्रश्न
किसी भिखारी-सा टका-सा उत्तर माँगता
"क्यों जाते हो गाँव ?"

"पुरानी हवेली के जाले उतारने
धूल झाड़ने
चूना-दीवारों की दरारें सीमेंट से भरवाने
भाई-बन्दों से फ़सलों का हिसाब लेने
अपनी नई 'ज़ेन' दिखाने
मिलने, देखने, जानने
कहानी बटोरने, कविता ढूँढ़ने
'एथ्निसिटी' तलाशने, बचपन कुरेदने
रस की खोज में
हरियाली के बचे-खुचे हरेपन में
गाय चराने, मक्खन चुराने
बाजरे की रोटी—बथुए का रायता खाने
पोलीथीन खाती गायों के फ़ोटो खींचने
नीची छतों पर लगे ऊँचे-ऊँचे
एंटीनों की पेंटिंग बनाने
पूर्वजों के श्राद्ध पर अंकल चिप्स बाँटने
क्यों जाते हो गाँव ?"

"ऐ, सा'ब कूँ काए कूँ 'डिस्टर्ब' करता है ?
हट यहाँ से ?"
पहले प्रश्न के विरुद्ध आ डटता है
एक उद्दंड चापलूस प्रतिप्रश्न
—"द्वारिका से क्यों जाते थे कृष्ण
मथुरा-वृन्दावन
हर्षवर्द्धन कन्नौज से
थानेसर
अमेरिका-कनाडा से क्यों आते हैं लोग
अपने खंडहर होते घर
खाली होते गाँव ?"

किसी को भी
टका-सा उत्तर नहीं दे सकता
कितना विपन्न हो गया हूँ मैं !

(1999, नई दिल्ली)

नहीं दिखते गिद्ध

गर्मी की रात
गाँव में छत पर सो रहे थे
उमस टूटी
सड़ाँध बहने लगी

ताऊ ने बताया—
"गिद्ध नहीं दिखते आजकल
कहीं भी
गाँव में
इधर-उधर पड़े सड़ते रहते हैं
मरे हुए पशु
यह उन्हीं की सड़ाँध है
दिल्ली में दिखते हैं
क्या गिद्ध ?"

जब से दिल्ली आया हूँ
गिद्धों को ढूँढ़ती रहती है दृष्टि
मुर्दा पशुओं पर उतरते नहीं दिखते
गिद्ध
दिल्ली में
ज़िन्दा चीज़ों पर झपटती दिखती हैं
गिद्ध-दृष्टियाँ
नोच-नोचकर खाती हुई देश को...

(1999, नई दिल्ली)

कहाँ गए गिद्ध

धरती पर की
दुनिया-भर की
मुर्दा सड़ाँध को साफ़ कर देते थे
कहाँ गए वे...?

जीवितों के बोझ से
दबती नहीं पृथ्वी या परम्परा
मुर्दों के बोझ से पर
झुकने लगती है पाताल की तरफ़
इस तरह
डरते हैं विष्णु भी अब
कच्छपावतार-वराहवतार लेने से

सुविधाजनक है सड़ाँधते मुर्दों को पालना
सब 'पालक' यही कर रहे हैं
पर
बचा नहीं सके जो
ज़िन्दा गिद्धों को
वे कैसे विष्णु ?
कैसे देवता...? कैसे मनुष्य...?

(1999, नई दिल्ली)

प्रतीक्षा में हैं शव

प्रतीक्षा में हैं शव
देख रहे हैं आँखें खोले
—कहाँ चले गए सारे गिद्ध
सड़ने लगा है पूरा कुरुक्षेत्र

इतना युद्ध, इतनी हत्याएँ, इतने शव
कि ऊब उठे थे गिद्ध
अपच हो गया था उन्हें
उबकाई आने लगी थी

हस्तिनापुर-इन्द्रप्रस्थ की ओर
उड़ गए वे
वहाँ जीवित हैं अभी कुछ नागरिक
जीवित हैं जो बच्चे और महिलाएँ
सम्भवतः पर्याप्त होंगे वे
ऊब मिटाने, स्वाद बदलने के लिए...

(1999, नई दिल्ली)

विरासत

कई पीढ़ियों से सोया पड़ा था
कुंडली मारकर कोशिकाओं में
वह दर्द
कसमसाने लगा है मेरे जोड़ों में

"मेरे दादा के दादा को
बिल्कुल बैठा दिया था गठिया ने
स्वामी दयानन्द की हत्या के बाद
नहीं रह सके वे आर्यसमाज के प्रचारक
गठिया ने नहीं
निष्क्रियता ने मारा उनको"
–मेरे पिता के पिता बताते थे
हमें मेरे बचपन में

मेरे जोड़ों में
मेरी जड़ों में
मेरी मिट्टी में
कहाँ पड़े थे अंकुरित होते हुए
दर्द के ये प्राचीन बीज

पुराने भूले हुए दुःख-दर्द
बहने लगे अकस्मात् वर्तमान की सुखी धरा पर
जैसे सरस्वती में बाढ़

कम्प्यूटर पर 'नोट' कर रहा हूँ अपना दर्द

"डॉक्टर कहता है—'डोंट वर्क कांटिनुअस्ली
फ़ॉर लॉग आःर्स..."

कम्प्यूटर पर काम करते हुए
उमड़ा आ रहा मुझ में
दर्द के साथ-साथ
सरस्वती की तरह लुप्त होता हुआ समय...

(1999, नई दिल्ली)

कोड नम्बर

पारिवारिक बही-ख़ाते, सरकारी दस्तावेज़
पुरानी डायरियाँ
स्वामी दयानन्द के हस्ताक्षरोंवाली
'सत्यार्थ-प्रकाश' की जर्जर प्रति
युवा दादाजी को लिखी गईं परदादा की चिट्ठियाँ
चोरी-छिपे कलकत्ता में छपे
लाहौर के क्रान्तिकारी-दल के बुझे-बुझे इश्तिहार
अपने बूढ़े पिताजी के इलाज़ का अस्पताली रिकॉर्ड
उनकी हस्तलिखित-हस्ताक्षरित वसीयत–
जिसके कुछ अंश बेहद अच्छे लगते हैं मुझे
कुछ बेहद बुरे

बहुत सारी चीज़ें
जिनकी ज़रूरत हमें प्रायः नहीं पड़ती
दादाजी के पचपन साल पुराने सिंगापुरवाले बक्से में
बन्द कर
लगा दिया था मैंने नम्बरवाला जापानी ताला
दिल्ली आकर बसने से पहले

वर्षों बाद गाँव जाना हुआ
वर्षों बाद मन हुआ
या शायद ज़रूरत पड़ी
–खोलूँ-देखूँ, पढ़ूँ-गुनूँ
....नम्बर भूल गया ताले का हठात् !

जितना याद करता गया
उतना ही भूलता गया
जितना भूलता गया
उतना ही याद आता रहा भूलते चले जाना...

(1999, नई दिल्ली)

ज़ेन की सीट पर सूखा पत्ता

कहाँ से इस वसन्त में
कहाँ से आख़िर
झर आया यह सूखा पत्ता
मेरी ज़ेन की सीट पर

मृत पिता को सपने में ले गया था मैं
अपनी ज़ेन में बैठाकर दवा दिलवाने
गाँव से सपने में ले गया था
हरिद्वार अकेली बूढ़ी माँ को

पिता के स्वर्ग से
माँ के नरक से
कहाँ से
कहाँ से आख़िर
आया यह सूखा पत्ता
ज़ेन की सीट पर

क्या यह उन लिफ्ट माँगते, खिलखिलाते
पब्लिक-स्कूली छात्रों की स्क्रैप-बुक से छिटक आया
जिन्हें मैं नहीं जानता था
उस अन्धे की नज़रों से टपका
जो मेरी गाड़ी के आगे आते-आते बचा
उस बहरे के कानों से झरा
जो मेरा तेज 'हॉर्न' अनसुना कर रहा था
उस लड़की के जूड़े में टँगे गजरे से

जिसे मैं छूना-सूँघना चाहता था
हाँ, ज़ेन में लगे इस छोटे से जापानी-स्क्रीन पर
कल पतझर के दृश्य भी तो दिखाए जा रहे थे
चहकती-मटकती विश्वसुन्दरी की चमकती-चिलकती 'ब्रा' भी
थरथराई थी दूसरे चैनल पर

और हाँ,
'वाई-टू-के' से पीड़ित
दो साल पुराना वह प्राचीन 'लैप-टॉप' भी तो
रखा था मैंने इसी सीट पर
कल विश्वविद्यालय जाते हुए

मृत पिता के काले कम्बल से
निर्वासित माँ के सफ़ेद आँचल से
जापानी माइक्रो-टी.वी. से
विश्वसुन्दरी की 'ब्रा' से
'लैप-टॉप' के स्क्रीन से
मेरे दिल-दिमाग़ से...?

यदि सचमुच यहाँ वसन्त है तो
कहाँ से
आन गिरा होगा आख़िर
यह सूखा पत्ता ज़ेन की सीट पर

कहाँ से
कौन झर रहा है यह
(कौन नहीं झर रहा है ?!)
सूखे पत्ते की तरह...

(1999, नई दिल्ली)

स्मृति-प्रश्न

करीब साढ़े नौएक महीने बाद भी
जब जन्म लेगी अगली सदी
क्या हम दोहराएँगे ग़लती से
वही ग़लती

सन् दो हज़ार की जगह
भूल से कभी-कभी
लिख जाया करेंगे उन्नीस सौ निन्यानवे
जैसे अब
उन्नीस सौ अट्ठानवे लिख जाते हैं
उन्नीस सौ निन्यानवे की जगह
क्या इसी तरह 'वाई-टू-के' से पीड़ित
रहेगा समूचा तिथ्यांकन

कब छोड़ेगा मन पीछे देखना
एक सराय छोड़कर
दूसरी सराय की ओर जाते हुए...

(मार्च, 1999, नई दिल्ली)

छज्जे पर प्रतीक्षा

बुढ़ा गई है
सदियों से छज्जे पर खड़ी हुई
कुँआरी 'राजकुमारी'

नहीं आए नगाड़ों-धौंसों के जोशीले स्वर
नहीं आए कवायद करते हाथी-घोड़े
नहीं आए हाँफते हुए सन्देशवाहक
नहीं आई हड़बड़ाई हुई दासी

नहीं आए अवसर युद्ध और प्रेम के
छल-कपट के, झूठ-फरेब के
आवेशयुक्त नहीं गुज़रा एक भी पल
झलक तक नहीं मिली कभी
किसी मनचाहे खूबसूरत चेहरे की

नहीं आया नहीं आया
नहीं ही आया सपनों का राजकुमार
तोड़कर सात तहख़ानों के ताले
करके सात समन्दर पार

यूँ ही कुम्हला गई यौवन की हर पंखुड़ी
उम्र की पूरी क्यारी
बुढ़ा गई छज्जे पर खड़ी-खड़ी
ग़रीब माँ-बाप की बेटी
'राजकुमारी'...

(1999, नई दिल्ली)

तुम : राहत

इस बर्फीले मौसम में
कभी बढ़िया ऊनी शॉल-सी लगती है
तुम्हारी उपस्थिति
कभी ऊष्म धूप-सी....

सीने में धधकते ज्वालामुखी
बदलते-से लगते हैं मासूम तपते अलाव में
जब भी तुम पास होती हो...

थम जाता है हठात्
ख़तरनाक चट्टानों का लगातार लुढ़कना
गड़गड़ाता पहाड़ तोड़ता झरना
मन्थर हो जाते हैं मन के तमाम बहाव
सतह पर थरथराती उजले पालवाली नाव
चमकने लगते हैं खुले आकाश तले
जब लगती हो तुम गले....

छँट जाती है धुन्ध
छितरा जाती हैं घटाएँ
मनचले बच्चे-सी धमाचौकड़ी मचाती हवा
सो जाती हैं पहाड़ी पेड़ों पर पसरकर
—शान्त, मासूम, झूम-झूम थकी हुई

टूटकर बिखर जाती हैं तमाम झनझनाहटें
आतीं-जातीं आहटें बुझ जाती हैं

बचा रह जाता है केवल अनहद नाद
देह के रोम-रोम में
जब भी तुम मुझमें से होकर गुज़रती हो...

(सितम्बर, 1993, शिमला)

तुम्हारी याद

कभी फुहार
कभी बूँदाबाँदी
कभी मूसलाधार
आती ही रहती है
बिना रुके लगातार....

अथाह घाटियों से उठती घटाएँ
भिगोती रहती हैं मन की पगडंडियाँ
निकलती रहती हैं मेरे बीचोबीच

गड़गड़ाती है कौंधती है
बिजली-सी
शिरा-शिरा चौंधती है
तैरता रहता है आत्मा में अनहद नाद

हरी कोंपल की तरह
कोमल रखती है मुझे
पहाड़ी बारिश-सी तुम्हारी याद...

(मार्च, 1993, शिमला)

खर-पतवार

फसलों पर
खेतों में
किसानों के जीवन में
देश-भर में
दुनिया-भर में
हावी होता जा रहा है खर-पतवार

तना-तना झूमता है
हर जगह करता है हस्तक्षेप
खींच-सोख लेता है
फसलों के हिस्से का खनिज-जल
सुखा डालता है उन्हें
उनके बचपन में ही

विमान से, वीडियो कैमरे से देखने पर
बहुत हरी-भरी दिखती होगी ज़मीन
(भीड़-बटोर ज़माने में)
फसलों पर हावी होते
इस खर-पतवार से

मल्टीनेशनल रसायनों के छिड़काव से
फसलें मर रही हैं
फल-फूल रहा है खर-तपवार
पूरी पृथ्वी पर...

(1992, नई दिल्ली)

कीचड़

न ज़मीन बची है
न कहीं जल है
चारों तरफ कीचड़ ही कीचड़ है

गले में सिर में
मन में मस्तिष्क में
पेट में पैरों में
रोम-रोम में
तड़फड़ा रहीं प्यास की मछलियाँ

जल को माटी से छानकर
मिटानी है तड़प
गुज़रना है इस रास्ते से
साफ़-पाक, उजला-धुला
काँटे खाइयाँ खड्डे नहीं हैं अब
बस कीचड़ ही कीचड़ है...

बदल गए हैं रूप चुनौतियों के
हमारा मुकाबला अब न योद्धाओं से है
न युद्धनीतियों से
शौर्य नहीं खड़ा सामने कमान ताने
केंचुए की तरह कोसों तक पसरा
कोई महालीचड़ है....

क्या कर पाएँगी दूरगामी दृष्टियाँ

या तो दिखता है अँधेरा
या एक की जगह
कई-कई सृष्टियाँ
पलक के हर बाल पर
चिपका दृष्टिखोर चीचड़ है....

धँसकर
छींट-छींट होकर ही
कर सकते हैं हम इस समय को पार
या
उजलापन बचाए बैठे रहें
यहीं पर मन मार
न इधर के रहेंगे
न उधर के

वह होता नहीं
यह किया नहीं जाता
जल की जगह कीचड़
पिया नहीं जाता
रोम-रोम में तड़फड़ा रहीं मछलियाँ
नस-नस में चिन्ताओं का बीहड़ है...

समय के इस मोड़ पर
केवल कछुए खुश हैं
निश्चिन्त भी...

(9 जुलाई, 1993, नई दिल्ली)

अचानक अकारण जाग

अचानक अकारण जाग आने
देर तक उसके आए रहने पर
(दिल्ली में बिजली जाने
उसके जाए रहने पर)
सुनाई देने लगती है, देती रहती है
झींगुरों की एकरस ध्वनि
विक्षिप्त दुर्बल बुढ़िया-सी बुड़बुड़ाती रात
गली से कहीं कुत्तों की गीदड़-ध्वनि
कभी-कभी दो बिल्लियों की 'हाऽ खीः'
रसोई से बूँद-बूँद रिसते समय की निरन्तर 'टप् टप्'
धड़कती कलाई पर घड़ी की टिक-टिक
किसी बच्चे की रुलाई पर माँ की डाँट
काले खुरदरे गन्धाते कम्बल की तरह रड़कते
परिवार-जनों के खर्राटे
जिन्हें उतारकर नहीं फेंका जा सकता
कहीं कोई ध्वनि दस्तक-जैसी
जिसके बारे में हम निश्चित नहीं हो पाते
कि दस्तक ही है यह
और है तो किसकी है....

थकान नींद की गारंटी नहीं रही अब
मन-शरीर के ज़्यादा टूटे-थके होने पर
ज़्यादा आती है, आई रहती है यह जाग

तन-मन की 'एक्युम्युलेट' होती यह थकान

पदचाप है क्या मृत्यु की ?

जाग आने पर उसके आए रहने पर ही
जागते हैं क्या हम कबीर की जाग
सोते हैं क्या हम कबीर की नींद
बाहर गली में नहीं
भीतर ही हमारे
रोते हैं कुत्ते राम के

क्या इसी तरह 'शिफ्ट' होती है बौद्ध-कथा
एक जातक से दूसरे जातक में...? !

(1999, नई दिल्ली)

दुःस्वप्न-बोध

बहुत बढ़िया थीं फसलें
इस बार
कल ही तो सँभाले थे हमने अपने खेत

काफ़ी सारा सोना-चाँदी था
कुटुम्ब-भर की औरतों के गहने
चन्द गिलास भी चाँदी के
बड़े-बूढ़ों के खरीदे हुए
सम्पन्न थी हवेली

रात को ओले गिरे ज़बर्दस्त
ओलों की ओट घुस आए डाकू हवेली में
फसलें चौपट
सोना-चाँदी नदारद
रात-रात में
बात-बात में नदारद अतीत और भविष्य....

काश यह सब सपना हो
(भयानक दुःस्वप्न ही सही)
काश ! सच न हो
अतीत और भविष्य दोनों पर
एक साथ झपटता खूँखार बिलाव

मुझे मालूम नहीं
यह दुःस्वप्न कहाँ घटित हो रहा है

नींद में या जाग में
यहाँ या कहीं और
शब्द में या अर्थ में
बाज़ार में या घर में
कहाँ...?
कोई मुझे जगाओ !
कोई मुझे बताओ !

(1999, नई दिल्ली)

समय का चेहरा

कुत्ते को घास खाते
गाय को हड्डी चबाते
देखा मैंने
आज शाम
कूड़ाघर के पास

भूख के सिर बँधेगा परिवर्तन का सेहरा
कैसा-कैसा होता जा रहा
समय का चेहरा...

(14 जून, 1993, नई दिल्ली)

गैंड़े की खाल पहनकर

बीहड़ों बीच आकर
ठिठक गई हैं
उलझी खड़ी हैं तमाम ईमानदार यात्राएँ
चलनेवाले हालाँकि
चले जा रहे हैं
बढ़े जा रहे हैं निर्द्वन्द्व
गैंड़े की खाल पहनकर...

छिल गया है अंग-अंग
लहूलुहान है आत्मा का एक-एक अणु
ठिठकी हैं गतियाँ समस्त
अद्भुत अद्वितीय द्वन्द्व बीच

डी.ए.वी. कॉलेज लाहौर के क्रान्तिकारी क़िस्से
सुनाते हुए मेरे दादा
बताया तो करते थे–
"आते हैं बहुत बार
ऐसे मौके
सामने
चौराहे होते हैं केवल
रास्ते नहीं
बनाना होता है उन्हें पग रख-रखकर
अकेले या इकट्ठे
रास्ता बन जाता है हर जगह..."
पिता ने भी कहा था बहुत बार–

"कंकर काँटे कीचड़
ऊबड़खाबड़पन टेढ़ामेढ़ापन जंगलीपन
सब शामिल होते हैं यात्रा-अनुभव में

छिल जाती है छाती
छिद जाता है मस्तिष्क
चिन्ताओं के अतिभार से

तल डालती है धूप
मरुथल पार करते तलवों को
विद्रोही हालात से होकर आते
प्रतिमानवीय बलवों को
दबा ही लेता है इंसान
अन्ततः
वही जीतता है हर लड़ाई..."

उलझी यात्राओं
ठिठकी गतियोंवाले इस बीहड़ में
बिल्कुल व्यर्थ
एकदम पुराने पड़ गए हैं
पूर्वजों के अनुभव
...काँटे कंकर कीचड़
ऊबड़खाबड़ टेढ़े-मेढ़े रास्ते
कुछ भी नहीं बिछा है आगे
उद्‌दंड बीहड़ है बस
निरुद्‌देश्य गति को गन्तव्य बताती
पागल, उनींदी, अनसोची, जंगली बड़बड़ है बस
या फिर निःशब्द रक्त-स्राव का सन्नाटा है
चेतना में अब ज्वार नहीं
भाटा ही भाटा है...

पिता !

पितामह !!
प्रपितामह !!!
कोई तो बताए
केवल संकेत ही दे दे–
मार्गहीन दमघोंटू बीहड़ बीच ठिठकी खड़ी
ईमानदार यात्रा की दिशा क्या हो
कोई तो बताए...

तैयार हूँ मैं
ईश्वर के अस्तित्व में विश्वास करने को
पर
मार्गदर्शी आकाशवाणी तो हो
ठिठकी यात्राओं से ठुके इस बीहड़ बीच...

माँ पत्नी प्रेमिका मित्र
परिवारजन परिजन पुरजन
सब सम्बन्धों से विमुख
अन्धी गति को गन्तव्य समझ
भागे जा रहे हैं वे
जिन्हें मिल गई है कहीं से
गैंड़े की खाल

बिना छिले
बिना छिदे
बिना लहूलुहान हुए
पार कर रहे निर्द्वन्द्व
कलियुग का बीहड़
गैंड़े की खाल पहनकर...

राहजनी की शिकार हो गईं राहें
उद्दंड डाकू-सा तना खड़ा है जंगल
हमारे सामने

हमारे भोथरे हथियारों पर बूंचड़ हँसी हँसता

अक्षत-मान्य आत्मा को छीलता-छेदता
तना खड़ा है बीहड़
सदियों से कमाए सारे रास्ते छीनकर...

हालाँकि
उसको छूते हुए, उसके बीचोबीच
बेहिचक गुजर रहे हैं अन्धे
गैंड़े की खाल पहनकर...

(1991, नई दिल्ली)

कूड़ा

हमने फेंक दिया उठाकर
साइडवालों के आँगन में
साइडवालों ने बाहर गली में
गली से उठाकर रख दिया किसी ने
पीपल की जड़ों पर बुझे दीये-सा
वहाँ से झाड़ू मारकर खिसका गया ज़मादार
सड़क पर
और भूल गया उठाना

पहियों से पैरों से पंजों से खुरों से
ठोकरों से सरक आया गली में
गली से फेंक गया कोई आता-जाता
साइडवालों के आँगन में
साइडवालों ने फ़ायदा उठा हमारी ग़ैरहाज़री का
हमारे आँगन में पहुँचा दिया
हमने पहचान लिया हमारा ही है

न मिट्टी बन पाता है, न खाद
सड़ते हुए पोखर-से इस देश में
कूड़ा
खूब चखता है यात्रा का स्वाद...

(1999, नई दिल्ली)

हफ़्ता

पहला पहले ही भरा बैठा था सुस्ती से
उसने दूसरे को हुक़्म दिया
दूसरे ने टाल दिया तीसरे पर
तीसरे ने चाहा चौथे को दुखी करना
चौथा अकड़ा—मैं ही क्यों
पाँचवें पर छोड़कर निकल गया चाय पीने
पाँचवाँ जल्दी जाने के चक्कर में था
अँगूठा दिखा गया काम को
यूँ पूरे हुए पाँच सरकारी दिन
देश को उंगल करते हुए

केवल निजी काम निकाले लोगों ने
हफ़्ते के सातों दिन...

(1999, नई दिल्ली)

घर में कई कमरे

घर में कई कमरे
कई कमरों में कई-कई अलमारियाँ
कई-कई अलमारियों में कई-कई ख़ाने
कई-कई ख़ानों में कई-कई चीज़ें (बेतरतीब)
कई-कई चीज़ों बीच कई-कई डायरियाँ (नई-पुरानी)
कई-कई डायरियों बीच कई-कई लिफ़ाफ़े (रंग-बिरंगे)
कई-कई लिफ़ाफ़ों में कई छोटी-छोटी डायरियाँ
कई छोटी-छोटी डायरियों में कई-कई पन्ने
किसी पन्ने के आख़िर-सी में
कोड-भाषा में लिखी एकाध डरी हुई पंक्ति

कितने गहरे गाड़कर रखते हैं लोग छुपाकर
अपनी असली ज़िन्दगी, असली बात
असली कहानी, असली कविता
खुद खोजना चाहें तो भी न मिले...

(1999, नई दिल्ली)

सड़कों पर उतर रहे घर

सड़कों पर उतर रहे घर
ज़्यादा और ज़्यादा
और और ज़्यादा

सड़कों पर पसरी दिखती हैं जगह-जगह
दुकानों में तब्दील होते घरों की
संगमरमरी सीढ़ियाँ
आवारा गायों की तरह
बेसमेंटों के रोशनदानों में हिलती पूँछ
एक्जॉस्ट पंखों की
भभकी-भरी बदबू फेंकती
दुकानें बड़ी हो रही हैं
सड़कें भीड़ी
फल फूल रहे हैं ट्रैफ़िक-जाम
और अपराधी....

फुटपाथों पर सोते लोग
अभी
सोते हैं फुटपाथों पर ही

इस बढ़ती अराजकता में
हो सकता है
सड़कों पर पसरी सीढ़ियों से होते
वे चले आएँ किसी शाम घरों के भीतर
साधिकार रहने...

(1999, नई दिल्ली)

डेढ़ काल

त्रिवेणी है सामने
मेरे बाएँ कन्धे से उतर रही है गंगा
दाईं जाँघ से होकर बह रही है यमुना
दोनों आँखों के सामने
मिल रही हैं दो धवल-श्यामल धाराएँ

मेरी आँखें देख रही हैं
इन दो धाराओं के पार
खोज रही हैं—कहाँ है सरस्वती ?

अधेड़ पृथ्वी की केवल दो वेणियाँ शेष
एक धवल, दूसरी श्यामल
वह तीसरी वेणी कहाँ गिर गई
जिसका रंग भी उतर गया है हमारी स्मृति से ?
दो काल शेष
तीसरा काल कहाँ गया ?

तीनों काल-सरोवर
जहाँ अतिक्रमण करते हैं अपने-अपने तटों का
क्या वहीं सम्भव हो पाती है सरस्वती ?

प्रश्न सम्भावना का नहीं
ठोस उपस्थिति का है
—सरस्वती कहाँ है ?
ऋषियों की जिह्वा पर

वाल्मीकि की त्योरियों में
वेदव्यास के मस्तिष्क की शिराओं में
संजय की हथेली पर
वैदिक ऋचाओं में
किंवदन्तियों में
स्वप्नों में
स्मृतियों में

स्वप्नों-स्मृतियों में कहाँ ?
कुरुक्षेत्र में ?
थार में ?
तीर्थराज प्रयाग में ?
त्रिवेणी में ?
त्रिकाल में ?
पर...वेणियाँ केवल दो हैं
और काल भी केवल दो या डेढ़
एक वर्तमान और आधा कोई और

(1999, नई दिल्ली)

विदेश में

कोई नहीं जानता यहाँ मेरी भाषा
मैं नहीं समझ पाता अर्थ
उन शब्दों के
बोल रहे लोग इस शहर के
होटलों, रास्तों, स्टेशनों, बाज़ारों, क्लबों में

किसी से नहीं की बात
हफ़्ता हो गया
नहीं गया किसी के घर
हफ़्ता हो गया
नहीं मिलाया किसी से हाथ
हफ़्ता हो गया
अकेले-अकेले ढो रहा उम्मीदें और स्मृतियाँ
हफ़्ता हो गया
मलबे दिखते सपनों में
हफ़्ता हो गया

हफ़्ता हो गया
भीतर उग आया जंगल आदिम
मैं कहाँ-कहाँ काटता फिरा
बीहड़ वक़्त...

(1994, तोक्यो)

सपने : बातें

न डायरी लिखता हूँ आजकल
न पत्र मित्रों को
लिखने से डरता हूँ
कहने की फुर्सत कहाँ ?

उखड़ी-उखड़ी आती है नींद
रात-भर ख़ुद से बतियाती हुई

सपनों में दूसरों से बतियाता हूँ ख़ूब
जिसको चाहूँ लतियाता हूँ ख़ूब
अनचाहे कभी-कभी पिट जाता हूँ
किसी बड़े बातूनी के हाथों

अनलिखी डायरियाँ
अनलिखे पत्र
हमारे सपने—
वे बातें हैं
जो हम किसी से नहीं कर पाते...

(1999, नई दिल्ली)

बात

जो बात उसने कही वहाँ
काटता रहा उसे मैं तर्क की तीखी आरियों से
पूरी सभा में

वही हरी-भरी बात मैंने कही कहीं दूसरी जगह
जगह बदलकर
वह मारता रहा कुल्हाड़े रस-भरे तने पर

जगह बदलते ही बदल जाती है बात
जिसे कहते या काटते हैं हम
आरी-कुल्हाड़े चलाते

हम यानी असल में
अपने-आप पर दे रहे होते हैं ज़ोर
बात पर नहीं...

(1999, नई दिल्ली)

आदमी और अख़बार

आज दोपहर से पहले तक भी
मैं मान रहा था ख़ुद को
नए ज़माने का
नई मानसिकता का

सभी मान रहे थे।

दोपहर बाद शहर-भर में
घरों की तरफ़ लौट रहे थे
स्कूल-बसों में लदे हुए बच्चे
कम्प्यूटरों-प्रिंटरों से धड़ाधड़
निकल रहे थे शाम के अख़बार

उस क्षण
कुछ क्षणों की झपकी के बाद
अपना सब बासी-बासी लगा
(लगता रहा) मुझे
रगड़-रगड़ टूथ-ब्रश करने
छपाछप आँखें छींटने के बाद भी

ज़रा सी झपकी क्या आई
कि बहुत आगे निकल गया समय
सबने जान लिया मुझे
पुराने ज़माने का
पुरानी मानसिकता का

वक़्त की तेज-तेज घूमती 'मिक्सी' देखिए
—एक होता जा रहा है घिसते-पिसते
आदमी और अख़बार का स्वभाव....

(21 जनवरी, 1999, नई दिल्ली)

अख़बारों की धूल

कबाड़ी के हवाले करने से
पहले मैंने छाँटना चाहा
कुछ लेखों-कविताओं-समीक्षाओं-सम्पादकियों को
पलट-पलटकर

कुछ भी नया नहीं निकला
स्मृतियों में अटके रह गए थे
जो बड़े हादसे और छोटे लेख
केवल वही दिखे फिर-फिर
कुछ भी नया नहीं निकला
पुराने अख़बारों में
इस दौर में जमी ढीठ धूल के अलावा
जिसे हमारी छींकें धक्के दे-देकर निकालती रहीं
नाक से बाहर

जाता हुआ कबाड़ी
कबाड़ तो उठा ले गया सारा
धूल यहीं झाड़ गया
अख़बारों के बाहर होते हादसों-सी
बिखरी है जो चारों तरफ़...

(2000, नई दिल्ली)

साबुन की टिकिया-सा तानाशाह

कीड़े-मकोड़ों से मैले-कुचैले
हैं तानाशाह तईं तमाम लोग

कास्टिक सोडे जैसा स्वभाव
तानाशाह का
काटता रहता है गैल की तरह
उन्हें

मैल चढ़ता है
चढ़ता जाता है रोज़-रोज़
तह-दर-तह
बढ़ता है बढ़ता आता है
रोज़-रोज़ सह सब सह

घिस रहा है
घिसता जा रहा है
ग़लतफ़हमियों के झाग में झूलता
साबुन की टिकिया-सा
गल रहा है, गलता जा रहा है
छोटा होते-होते रह जाएगा
छोटा-सा टुकड़ा साबुन का
फेंक दिया जाएगा
गन्दी नाली में
तानाशाह...

(1999, नई दिल्ली)

एक घूँट में करोड़ों लाशें

ज़िगरा बेहद
बड़ा कमज़ोर है
तानाशाह का

कुत्ते-बिल्ली को चखाकर
खाता है खाना
दीवारों को दरवाज़ों को गवाक्षों को
घूर-घूर देखता है अकेले में
प्रेमिका का मन-शरीर टटोलकर नहीं
उसका तमाम सामान टटोलकर होता है आश्वस्त
दिशाओं को सम्बोधित कर
जाने क्या-क्या बुड़बुड़ाता है
सोते-जागते

छोटे-छोटे जीवाणुओं से डरता है
माँगता है पानी
कम-से-कम सौ डिग्री सेल्सियस पर उबला हुआ

कितना डरता है
एक घूँट में करोड़ों लाशें पीता हुआ
तानाशाह....

(1999, नई दिल्ली)

दादी की कहानी में पशु

दादी की कहानी में—
किसान जोतता है बैलों को
सुबह रखता है जूआ
शाम तक उतार देता है

अच्छी खुराक खिलाता है
बार-बार पीठ थपथपाता है
कृतज्ञ महसूस करता हुआ
खुश दिखते हैं बैल
जीभ से हथेली चाटते हुए....

महाजन जोतता है किसानों को
कर्ज़ के भारी जूए तले
जीवन-भर
दिन-रात
पीढ़ी-दर-पीढ़ी

दादी से कहानी सुनता किशोर पोता
चुपचाप सोच रहा है—
इस कहानी में इन तीनों में से
असली पशु कौन है...

(1999, नई दिल्ली)

क़र्ज़

किसान पर चढ़ा हो
या भारत-सरकार पर
क़र्ज़ क़र्ज़ है
महाजन महाजन
चुपचाप चौकन्ने रहें
सक्रिय रहें हम
उतारें
इस ज़हर को...

(1999, नई दिल्ली)

शक्तिशाली है जल

बहुत भारी हैं
बहुत शक्तिशाली हैं
सोई पड़ी चट्टानें

और भी शक्तिशाली है
प्रवहमान जल
इन चट्टानों को तोड़कर
धीरे-धीरे अपना रास्ता बनाता हुआ...

(जून, 1993, नई दिल्ली)

इमर्शन-रॉड का संघर्ष

सर्दी-भर रोज़
डुबोकर रखी जाती है ठंडे पानी में
जिसे वह गर्म करती है
चूल्हा फूँकती औरत की तरह
नहाते हैं परिवार-जन
सेंकते हैं देह बारी-बारी

करंट गुज़रता है
गर्म होती है
अपनी गर्मी को व्याप्त करती जाती है
बाल्टी-भर पानी में
जिसके हाशिए पर टँगी रहती इमर्शन-रॉड

ऊष्मा बाँटती है
किसी को नहीं जलाती जब तक
चौकन्ने इस्तेमालों में सँभली रहती है
इमर्शन-रॉड
अपनी आग से
खुद जल जाती है एक दिन
गारंटी-पीरियड ख़त्म होने के कुछ दिन बाद
वसन्त आने से थोड़ा-सा पहले...

(1999, नई दिल्ली)

गाँव की औरतें

किसी भी मौसम में मुँहअँधेरे
या सर्दी की जल्दी-शाम
या गर्मी की शिखर-दुपहरी
जाती हैं औरतें दिशा-मैदान
एकान्त या अँधेरे के इन्तज़ार में
दबाए रखती हैं हाजत

कितना ज़बर्दस्त है उनका
गहरा डर, पारम्परिक प्रशिक्षण
फैलते, बड़े होते गाँव में

दूध बिलोती हैं मशीन से
गैस पर पकातीं भोजन
ट्रैक्टर की असुविधाजनक सीट पर बैठ
आतीं-जातीं खेतों में
खुद ही चला सकती हैं गीज़र या टी.वी.
घूँघट उघाड़कर खिंचवा लेतीं फोटो
राशन-कार्ड या वोट-कार्ड के लिए
लिख-सुना सकती हैं ए-बी-सी-डी छब्बीस की छब्बीस

फिर भी
एकान्त या अँधेरे के इन्तज़ार में
दबाए रखती हैं हाजत
फैलते, बड़े होते गाँव की औरतें

सचमुच बहुत प्रिय हैं उन्हें
लज्जा का चुभता भारी 'नेकलेस'
हर माँ अपनी बेटी को पहनाने लगती है जो
उसके जनमते ही...

(1999, नई दिल्ली)

जो भी रहे हों शामिल

कीटनाशक 'स्प्रे' पीकर सिधार गया परलोक
इहलोक से परेशान जो
उसकी खुदक़शी की ज़िम्मेदारी
डाल रहे सब उसकी घरवाली पर

शादी से पहले भी था वह बेरोज़गार
बी.ए. पास ग़रीब किसान
जन्म से ही था भावुक आवेशी
क्रूर और अन्तर्मुखी

शादी के बाद बना
चार-पाँच बेटियों का बाप
बढ़ा दहेज का रिवाज़ और ज्यादा
कम हुई सब्सिडी बीज-खाद पर
महँगी हुई चीनी
गन्ना सस्ता
चढ़ा डॉलर, रुपया लुढ़का

'स्प्रे' पीकर मरने के उसके फ़ैसले में
सामाजिक बदलाव
सरकारी नीतियाँ
अमेरिकी राष्ट्रपति
वर्ल्ड-बैंक–
जो भी रहे हों शामिल
उसकी घरवाली शामिल नहीं थी...

(1999, नई दिल्ली)

कहाँ कौन चीख़ा था

कहाँ कौन चीख़ा था आधी रात
शिकारी की तरह
मेरी घायल नींद को घसीटता हुआ
औरत की नहीं थी वह चीख़
इसीलिए असामान्य थी

पियक्कड़ पति नहीं
क्या कहीं डाकू घुसे हैं अभी-अभी
किसी घर में
या गोरे दुकानदार
किसी घर को बाज़ार बनाते...?
कहीं चाकू घुसे हैं अभी-अभी
किसी सीने में
या 'मिस वर्ल्ड कांटेस्ट' के इश्तिहार
नारी-देहों का अम्बार लगाते...?

चाकू की लाल गहरी लकीर सी
खिंची है जो चीख़ मेरी कच्ची नींद पर
वह किसकी है
कहाँ टपक रही है अभी तक बूँद-बूँद
रिसते वक्त-सी
कहीं बाहर या भीतर...

(1999, नई दिल्ली)

नदियों में रहता था जल-समय

मेरे सपनों में आता है
कहीं किसी युग में
(हर कहीं, हर युग में) घरेलू झगड़े में
तड़पकर बोलता आदमी
        —"पानी तो पुल के नीचे से ही निकलेगा
        पुल हमेशा ऊँचे रहेंगे नदियों से।"

औरत तड़पड़ाई और चुप रही
किसी समय कहीं
औरत बुड़बुड़ाई और बोली
किसी और समय कहीं और

पानी सूख गया
बात-बात में
सरोवर सरस्वती सेतु सब लुप्त

अब सड़कें हैं
फ्लाईओवर हैं
फ्लाईओवरों पर और फ्लाईओवर हैं
आसमान में तेज चौराहे बनाते हुए
दुनिया-भर के महानगरों में
सड़कें बहती हैं फ्लाईओवरों के नीचे-ऊपर
ट्रैफिक का पीछा करते कुत्ते-सा भाग रहा समय
सब ओर
किसी भी ओर न जाता हुआ

सड़कों के किनारे खड़े हम देखते रहते हैं
दुर्घटनाएँ और ट्रैफिक-जाम सपनों की जगह
पुलों पर नहीं
नदियों में रहता था जल-समय
इसीलिए समगति बहता था जल-समय
नदियाँ आज भी बड़ी हैं पुलों से, समय से...

(1999, नई दिल्ली)

सरस्वती को दुःख क्या था

किस दुःख में सूख गई सरस्वती
अपने स्रोतों के सूखने के दुःख में ?
उसके पुत्र
परस्पर लड़े थे कुत्तों की तरह
महाभारत,
इस दुःख में ?

भीष्म पितामह, विदुर और द्रोण
की गहरी चुप्पी में
द्रौपदी की जलती आँखों में
किस दुःख में सूख गई सरस्वती ?

हिमालय की बर्फ में जा गले
उस कुत्ते के दुःख में
जिसने अन्त तक पांडवों का साथ दिया ?

पांडवों ने क्या इतनी हिमराशि सोख ली
जितनी से नदी (हो सकती) थी सदानीरा
क्या उनका सत्ता-मोह, स्वर्ग-मोह
गाद बनकर अड़ गया सरस्वती के आगे
खाद बनकर नहीं लौटे वे
कुरुक्षेत्र या इन्द्रप्रस्थ या हस्तिनापुर
प्रेत बनकर लौटे ?

प्रेतों के भय से सूख गई क्या

सरस्वती ?
राज्यश्री के विधवा-भिक्षुणी होने
हर्षवर्द्धन के कन्नौज जाने के
दुःख में पहुँचते-पहुँचते
बाणभट्ट की अधूरी छूटी रचना-सी
अचानक सूख गई सरस्वती....

नई पीढ़ी पूछ रही है—
इन सबसे सरस्वती को दुःख क्या था ?

(1999, नई दिल्ली)

उत्तर-आधुनिक युग में वैदिक ऋषि

सपने में
कलकल करती सरस्वती के ठोस तट पर
समाधिस्थ था मैं
मेरे भीतर अपने-अपने खेत सींच रहे थे किसान
माताएँ भर रही थीं अपनी आस्थाओं के घड़े
फसलें लहलहा रही थीं
टनटना रही थीं घंटियाँ बैलों की
इन्हीं में से निकल रही थीं ऋचाओं की अनुगूँज

आँखें खुलीं—
पृथ्वी के अन्तिम छोर पर
निर्जल झरने के अवशेष की तरह
वृक्षहीन चट्टान से लटक रहा था मैं
प्रलय के सूखे कीचड़ में धँसी
अपनी जटाओं के सहारे

कहीं नहीं दिखे खेत सींचते किसान
आस्थाओं के घड़े भरतीं माताएँ
लहलहातीं फ़सलें
कहीं नहीं सुनाई दीं
बैलों की टनटनाहटें, ऋचाओं की भीगी अनुगूँज

ऊपर धूसर आकाश था
नीचे अथाह पाताल
लोप हो चुकी थी, फैलते बाज़ार में, सरस्वती

ठोस तट समेत
जिस पर मैं बैठा था समाधिस्थ

जब आँखें खुलीं
महाभारत घटित हुए भी बीत चुके थे सहस्रों वर्ष...

(1999, नई दिल्ली)

समुद्र : एक

समुद्र के पेट में छुपा भावी
बैठा है ज्वार
अँधेरी रातों में
करता चुपचाप
सरस्वती का इन्तज़ार

झुंड की झुंड सार्क
किलबिल-किलबिल घूमती हैं
पाँचों महासागरों के तट ताड़तीं
—न जाने कहाँ आ गिराए सरस्वती
घायल कौरव-सैनिकों के शरीर

ह्वेल के उदर-रसायन में गलता
झुलसता हुआ वैदिक ऋषि
प्रतीक्षा में है
सरस्वती आएगी उसे बचाएगी

सरस्वती आकर मिले यदि
सागर में घुला नमक
ज़्यादा उजला हो जाए शायद
ज़्यादा मजबूत हो जाएँ अस्थियाँ
दुनिया-भर के कुपोषित बच्चों की

सार्कों-ह्वेलों, महान् सैनिकों-ऋषियों
के लिए नहीं

छोटे बच्चों के लिए कर रहा है समुद्र
सरस्वती की प्रतीक्षा
वह सचमुच बहुत बड़ा है
—पूरी पृथ्वी का क़रीब साढ़े तीन बटे पाँच...

(1999, नई दिल्ली)

समुद्र : दो

समुद्र के भीतर
अदृश्य नमक है
हरी काई है
गहरी खाई है
उथली ऊँचाई है
फिसलनदार वनस्पतियाँ हैं
सार्क हैं, ह्वेल हैं, स्टार फिश हैं, कछुए हैं
तेज तूफ़ान हैं, ग़रीब मछुए हैं
हलचलें हैं, धड़कनें हैं
आग है, तेल है
ज्वार है, इन्तज़ार है
अनिश्चितताएँ हैं, ख़तरे हैं
आइसबर्ग हैं, पहाड़ हैं
खोजी पनडुब्बियाँ हैं
प्राचीन दुर्घटनाएँ हैं
डूबे हुए जहाज़ों के शव हैं
मोह़ है टोह है
उखाड़ है पछाड़ है
बड़ी, और बड़ी मछलियाँ हैं
छोटी, और छोटी को खाती हुई...

बहुत कुछ है इसमें
जो बहुत भयानक है
यानी–
हमारा समूचा वर्तमान है समुद्र...

(1999, नई दिल्ली)

समुद्र : तीन

धरती पर पड़ा तड़फड़ाता है
विराट् मछली-सा
तब वह समुद्र है
आसमान में उड़ता है पंख लगाकर
गरजता हुआ
तब बादल

पहाड़ या पवन काट देता है
जब बादल के पंख
घायल गरुड़-सा गिरता है वह
हम कहते हैं—वर्षा...
हमारे गर्म कपड़ों के साथ
उसका ठंडा व्यवहार है हिमपात

गहरे दुःख में अकेला डूब
रोता है लगातार हिमालय पर बैठा
हम कहते हैं—नदी उतर रही है पहाड़ से

छुप जाना चाहता है वह
अपने सारे गहरे दुःखों समेत
हम निकाल लेते हैं उसे
कुएँ खोदकर

आदमी कहीं भी नहीं टिकने देता
जब समुद्र को
तब सो जाता है समुद्र
हमारी ही पुतलियों के भीतर...

(1999, नई दिल्ली)

ठिठका खड़ा विश्वास

टूटा ज्यों ही कपाट
चहकते ख़रगोश-सा बाहर छलाँग लगा भागा
हवा का क़ैद झोंका

भीतर में सोए डर-सी
युगों से बन्द भभकियाँ
झपट पड़ीं हमारी छाती पर
जंगली बिलाव की तरह
आँखों में धूल झोंकतीं
निकल गईं व्याख्याएँ हवाएँ

द्वार टूटा
भोजपत्र पर लिखे चरमराते प्राचीन ग्रन्थ-सा
पढ़ा नहीं जा सका
इतिहास का मिथक
मिथक का इतिहास

गर्भगृह की लहूलुहान गच को
आँसुओं से धोती देवदासियाँ
बन्द हैं आदिम स्मृतियों के ताबूत में
नहीं खुल रहीं वे
नहीं खुल रहे मन और ताबूत
कैसे दस्तक दे अब
निर्वात समय के इस द्वार पर
ठिठका खड़ा विश्वास

(25 अगस्त, 1993, नई दिल्ली)

निकट भविष्य में हठात्

हठात् खिल उठेंगे
बाँझ पौधों पर फूल
अचानक महक उठेंगी हवाएँ
अचानक आ जाएगा कहीं से
सूखी नहर में पानी
संकट में कोई फरिश्ता...

सपनों की पालकी से बाहर निकल
जीवन की देहरी पर
पग रखेगी जन्म-जन्मान्तर की प्रेमिका
ख़ुद-ब-ख़ुद रास्ते से हट जाएँगे
कदमों को बार-बार ठोकर मारते पत्थर
परियों के संग स्वर्ग की सीमाएँ छूते
उड़ने लगेंगे हम भी हवा के पंखों पर
प्रतीक्षारत द्वार पर अभी आकर रुक जाएगा
सपनों के राजकुमार का चिर-प्रतीक्षित घोड़ा...

भक् से जल उठेंगे
बुझे हुए चूल्हे
खाली थाली में अपने-आप आ जाएगी
फूली हुई तर-चुपड़ी गेहूँ की रोटी
आँगन के कोने में पड़ी भूखी हाँड़ी
भर जाएगी अचानक खीर से...

हर क्षण लगता रहता है

अभी अगले क्षण
होगा सब श्रेष्ठतर...मनचाहा....
चमत्कार...जादू...

अध्यात्म का अतिक्रमण करता यह
चमत्कार-भाव ईश्वर है हमारा
पूजते हैं इसे निरन्तर हम सब
अनजाने में...

(11 जुलाई, 1993, नई दिल्ली)

यह कैसा बदलाव

उदास मन चाहता रहता है
दिन बदलें
मौसम बदले
बदले हवा अपनी दिशा
सगन्दर अपनी गति

जब बदलने लगता है सचमुच
समन्दर अपनी गति
तूफ़ान अपनी दिशा
मौसम अपना रंग
वक़्त अपने तेवर

और भी उदास हो उठता है मन...

(1997, नई दिल्ली)

कोहरा

अवतरित हुआ है दिन
सूरज को गाढ़े कोहरे की गठरी में लपेटे
किसी थके-माँदे बूढ़े की तरह
उतर रहा है पहाड़ की तलहटी में

ताज़गी नदारद है
उल्लास ग़ायब है
तेजी नहीं है चाल में
न आँखों में तड़पतीं प्रतीक्षाएँ

न अँधेरा हट रहा है रास्ते में
न रोशनी फैला रही अपनी बाँहें
न शिखरों पर महकता उजास आया
न फूलों के रंगों का निखार घाटियों में
चारों तरफ़ छाया है घना गाढ़ा बदरंग कोहरा

पहाड़ों घाटियों को रोमानी बनाता
मध्यकालीन कोहरा नहीं है यह
दृष्टि को धुँधलाता
साँसों पर चट्टानें बरसाता
बीसवीं सदी का दुस्सह कोहरा...

(दिसम्बर, 1992, नई दिल्ली)

सरस्वती

सागर तक पहुँचने से पहले ही
सूख जाने का भय
पहली बार व्यापा है सरस्वती के मन में...

बहुत उज्ज्वल था स्रोत
महीन थी धारा बचपन की
पर आवेश था अन्तहीन
पार करती रही अनेक विकट भूगोल
प्रतिकूल पथरीली परिस्थितियाँ
अनेक कुरुक्षेत्र
पर विस्तार पाती रही यौवन में
बदलती रही घाटियों मैदानों खेतों की रंगत
किसानों के चेहरों पर सींचती रही आभाएँ
सदियों तक...

अधेड़ होते-होते कैसा हुआ सामना
विस्तार पाते, नदी-जल को लीलते मरुथल से
अन्तःस्थल से चीख़ निकलते-निकलते रह जाती है...

अस्तित्व को, गति को पी रही है
पीती ही जा रही है रास्ते की बाँझ रेत
रेतीली ऊँचाइयाँ झोंक रही हैं
झोंकती ही जा रही हैं आँखों में धूल
धुँधला जाती है दृष्टि बार-बार...

अब यही भुगतना रह गया है क्या शेष जीवन में ?
विराट् में घुलने से पहले ही
क्रूर मरुस्थल बीच सोख लिए जाने का भय
पहली बार व्यापा है नदी के मन में....

(1992, नई दिल्ली)

मोड़

सामने जो दिख रहा है
वह अन्त नहीं है रास्ते का
केवल मोड़ है...

सभ्यता की लम्बी यात्रा में
पहले भी लगा है बहुत बार–
जैसे आगे रास्ता नहीं है

यह अनुभव
आत्मा की पुरानी मरोड़ है...

निरन्तरता अस्तित्व की
अटूट गोल पृथ्वी की तरह
यहाँ इस बिन्दु से चलें
यहीं लौट आएँगे अनुभवों की गठरी से लदे
न छोर आएगा, न हम गिरेंगे

पर इस पल–
हमारी दुःस्वप्नों से होड़ है....

खरगोश कर रहे हैं उछल कूद
जंगल और शहर में
इतरा रहे दोहरी नागरिकता पर
चरागाह समझ रहे दुनिया को

अब कब क्या हो, किसे पता
विकट रास्तों से गुजर रही
समय की यह दौड़ है

(1992, नई दिल्ली)

किनारे पर

महानगरीय फ्लैट के चौकन्ने दरवाज़े की तरह
आधी मिनट को खुलता है हिचकता-सा आसमान
सूरज का धुला-धुला चेहरा दिखता है बाहर
दूसरे ही क्षण
बन्द हो जाते हैं बादलों के किवाड़
जैसे–
सात समन्दर पार जा उड़ी हो
उम्मीद की घुमन्तू चिड़िया

अनिश्चय के धुँधले तटों पर खड़ा मनुष्य
घूरता रह जाता है
आकाश, समन्दर, क्षितिज और दिशाओं को

कुछ नहीं दिखता
कोई नहीं दिखता दूर-दूर तक
न चिड़िया, न जहाज, न नाव
न सूरज, न आकाश, न क्षितिज
न ही कोई ठोस आकर्षक भ्रम

फिर भी बची रह जाती है हर बार
धुन्ध के इस पार
घुमन्तू चिड़िया की वापसी की उम्मीद...

(23 नवम्बर, 1992, नई दिल्ली)

पिट्ठू

दूसरों के बच्चे
दूसरों के असबाब
दूसरों के बोझ
दूसरों के दायित्व
अपनी पीठ पर
कन्धों पर लादे
चढ़ते हैं उतरते हैं
एक-साँस चढ़ते-उतरते रहते हैं
ज़िन्दगी के पहाड़ पर
अपने बच्चों अपने परिवार के लिए...

(1993, शिमला)

किलक रहे हैं बच्चे

किलक रहे हैं बच्चे
शिमला की रोशनियों को सितारे समझते
खुद को कहीं आसमान के किनारे समझते
आह्लादित-उल्लसित हैं बच्चे

मैं नहीं कहता उन्हें कुछ भी
रोके रखता हूँ अपने को
कुछ भी कहने से

छुट्टियाँ ख़त्म हो रही हैं
कल हमें दिल्ली लौटना है

अभी से मेरे मन पर
टँग गए हैं बच्चों के भारी-भारी बस्ते
मेरे गले में फाँसी लगा रहीं उनकी टाइयाँ
मेरी चाल को सुस्त बना रहे
उनके खिंचे-खिंचे, भिंचे-भिंचे जूते

पर मैं नहीं कह रहा उन्हें कुछ भी
रोके हुए हूँ खुद को
कुछ भी कहने से
किलकने दे रहा हूँ बच्चों को
बच्चों की तरह

किलक रहे हैं वे
शिमला की रोशनियों को सितारे समझते
खुद को कहीं ज़न्नत के किनारे समझते...

(22 जून, 1993, शिमला)

●●●